AF370092

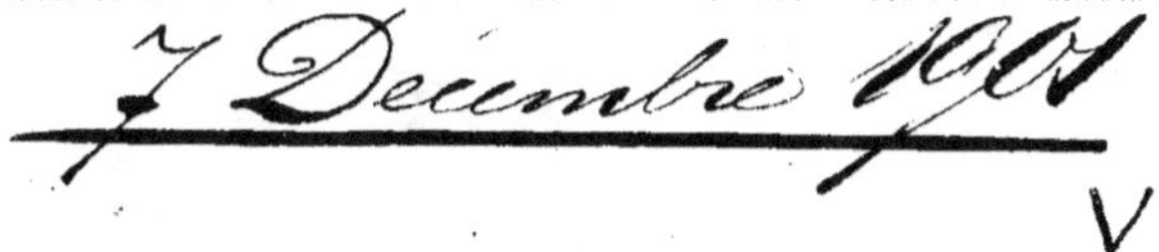

VENTE DU SAMEDI 7 DÉCEMBRE 1901

HOTEL DROUOT, SALLE N° 7

à deux heures

TABLEAUX

ANCIENS ET MODERNES

DESSINS ET PASTELS

Des différentes Écoles

MINIATURES, CADRES

APPARTENANT A M. L***

EXPOSITION PUBLIQUE

LE VENDREDI 6 DÉCEMBRE 1901

DE I HEURE 1/2 A 5 HEURES 1/2

COMMISSAIRE-PRISEUR	EXPERT
Mᵉ PAUL CHEVALLIER	**M. B. LASQUIN**
10, rue Grange-Batelière	12, rue Laffitte

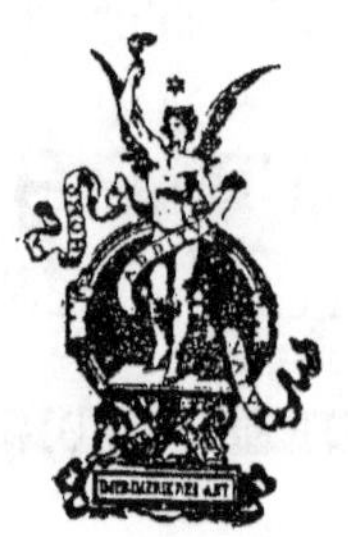

CONDITIONS DE LA VENTE

La vente sera faite au comptant.

Les acquéreurs payeront *dix pour cent* en sus des prix d'adjudication.

Paris.— Imp. de l'Art, E. Moreau et Cie, 41, rue de la Victoire.

DÉSIGNATION

TABLEAUX ANCIENS
DE DIVERSES ÉCOLES

1 — Van Artois. Avec figures de Teniers. Effet d'hiver. Paysage avec canal.

2 — Bellegambe (Attribué à J.). Le Sauveur du monde entouré d'anges ; à droite, sainte Thérèse ; à gauche, les donateurs. Peinture d'un grand caractère et d'une belle conservation.

3 — Beyeren (J. Van). Retour de pêche. Des poissons sont amoncelés sur la plage ; à gauche, la vue s'étend sur la mer éclairée par un ciel nuageux ; à droite, se dessinent les maisons d'un village dominées par une grande tour carrée.

Bien que ce tableau porte le monogramme de Van Beyeren, le paysage, la mer et le ciel reproduisent presque sans variantes un tableau de Jacques Ruysdaël, ayant figuré à la dernière exposition dans la galerie Sedelmeyer. L'attribution du paysage à ce dernier peintre est donc toute naturelle.

4 — BORDONE (PARIS). Piéta.

5 — BRAMER (LÉONARD). Tobie et sa Femme. Grisaille. Au verso, une inscription en anglais relative à l'attribution de ce tableau à Rembrandt et à son ancien propriétaire.

6 — CHARDIN (Attribué à). Un Coin de cabinet de toilette.

7 — CLOUET (École de). Portrait de Femme.

8 — VAN DYCK (Ecole de). Saint Sébastien.

9 — ELZHEIMER. Le Fils de Tobie et l'ange, dans un paysage. Fine peinture.

10 — FRAGONARD (HONORÉ). Portrait de Jeune Femme en corsage jaune, coiffée d'un élégant chapeau de paille. Charmant tableau joignant la franchise à la fraîcheur de l'exécution.

11 — GUERCHIN. Saint Sébas ien.

12 — HEYDEN (VAN DER). Vue de Hollande; maisons et cordiers au premier plan. Tonalité générale douce et harmonieuse.

13 — JEAURAT (ÉTIENNE). Portrait de Dame, vue à mi-corps; elle tient un éventail.

14 — LAJOUE. Pièce d'eau dans un parc, avec fond de verdure. Belle qualité du maître.

15 — LAZZARINI GREGORIO (École Vénitienne). La Vierge portée par les anges apparaît à

saint Dominique. Beau tableau digne de Tie-
polo, dont Lazzarini fut le maître.

16 — LECLERC DES GOBELINS. Trois Jeunes Fem-
mes aux bords d'une pièce d'eau.

17 — LÉPICIÉ (N.-B.). Portraits d'Hommes en
buste. Peintures sobres, dont l'allure sévère
fait ressortir les qualités de ce peintre, émi-
nemment français : naturel et simplicité.

18 — MAAS (NICOLAS). Le Tueur de Cochon.
Panneau.

19 — MIGNARD. Portrait de Dame, décolletée.
Elle porte un corsage noir avec perles et
tient à la main une branche fleurie.

20 — OSTADE (ISAAC). Intérieur flamand, avec
porc écorché. Panneau.

21 — OUDRY (J.-B.). Étude de chiens. Cadre
sculpté.

22 — RICCI. La Résurrection de Lazare. Saint
Charles Borromée. Deux pendants.

23 — RIGAUD (H.). Réduction du portrait de Bos-
suet figurant au Louvre et gravé par Drevet.

24 — ROBERT (HUBERT). Huit études de monu-
ments antiques à Rome. L'exécution est de
la belle qualité du maître.

25 — SEGHERS (DANIEL). Bouquet de fleurs.

26 — TOBAR. Un Ermite.

27 — Udine (Jean d'). Statues avec niches et motifs d'ornement. Peintures en camaïeu. Deux pendants.

28 — Varotari (Alessandro). (École vénitienne). L'Adoration des Mages. Beau tableau rappelant le faire du Titien.

29 — Véronèse (Carletto). L'Adoration des Mages. La scène se passe sous une grande colonnade. Tableau dont l'exécution, par le dessin et la couleur, est digne de Paul Véronèse, père de Carletto.

30 — Vos (Attribué à Corneille de). Portrait d'homme en buste : suivant une ancienne inscription, Don Francisco de Moncada, ambassadeur d'Espagne sous le règne de l'infante Isabelle. Presque de face, pourpoint noir à manches jaunes brodées, une chaîne d'or autour du col, collerette tuyautée.

31 — Zucchari. Étude. Grisaille.

32 — École française (xviiie siècle). La Reine Marie-Antoinette à la Conciergerie.

33 — École française (xviie siècle). Les Titans foudroyés.

34 — École française (xviiie siècle). L'Amour sur un char, traîné par une chèvre ailée à tête de femme. Le Temps les conduit. Allégorie satirique à l'une des maîtresses royales.

35 — ÉCOLE FRANÇAISE (XVIIIe siècle). Deux dessus de portes.

36 — ÉCOLE DE BOURGOGNE (XVe siècle). Le Calvaire. Personnages vêtus de riches costumes rehaussés d'or.

37 — ÉCOLE FRANÇAISE (Attribué à RIGAUD). Portrait d'homme en perruque et jabot de dentelles.

38 — ÉCOLE FRANÇAISE (Attribué à LARGILLIÈRE). Portrait d'homme en buste, enveloppé d'un grand manteau.

39 — ÉCOLE FRANÇAISE (XVIIe siècle). Loth et ses filles fuyant Sodome embrasée. A droite, perspective de marine. Remarquable effet de coloration.

40 — ÉCOLE ALLEMANDE (XVIe siècle). Le Couronnement d'épines. Tableau sur cuivre.

41 — ÉCOLE ANGLAISE. Jeune femme assise tenant un œillet.

42 — ÉCOLE ANGLAISE (initiales H. S.) Paysage accidenté, avec berger.

43 — ÉCOLE ALLEMANDE (XVe siècle.) La Descente du Saint Esprit sur la Vierge et les Apôtres. Beau spécimen de l'école allemande primitive.

44 — ÉCOLE ESPAGNOLE (XVIIe siècle). Déposition de la Croix.

45 — ÉCOLE ESPAGNOLE, primitive. Saint Laurent debout sur le gril. — Peinture rehaussée d'or.

46 — ÉCOLE FLAMANDE (XVe siècle). La Vierge et l'Enfant Jésus, avec fond de paysage.

47 — ÉCOLE HOLLANDAISE (FRANS HALS?). Portrait de Femme en buste, coiffure et col de toile blanche.

48 — ÉCOLE DE PARME. Vierge et Anges. Grisaille.

49 — ÉCOLE DE SIENNE (XIVe siècle). Trois panneaux de Rétable, représentant des épisodes de la vie de sainte Marguerite. Encadrements gothiques.

TABLEAUX MODERNES

50 — BERCHÈRE. Vue d'Égypte. Soleil couchant.

51 — DREUX DORCY. Portrait de Jeune Fille. Pastel.

52 — GAILLARD (F.). Portrait de Femme. Grisaille.

53 — Géricault (Attribué à). Étude de chevaux.

54 — Moreau (J.). Portrait de Frédéric Lemaître. Peinture en camaïeu.

55 — Ommegank. Paysage. Au premier plan, jeune paysan monté sur un âne. Un voyageur couché et son chien. Gentil tableau peint dans une gamme claire.

56 — Rousseau (Philippe). Chrysanthèmes.

57 — Rousseau (Philippe). Poissons et filets. Fond de paysage : la dune; à l'horizon : la mer.

58 — Saint-Jean. Framboises s'échappant d'un panier renversé et quelques prunes. (*Vente Sedelmeyer.*)

DESSINS

ANCIENS ET MODERNES

59 — Boucher (François). Jeune Femme nue. Important dessin aux trois crayons. Signé.

60 — Carrache (Louis). Étude de Femme pour un plafond. Sanguine. Cadre sculpté.

61 — Cranach (Lucas von). Masque de Luther. Ce remarquable dessin porte au verso une inscription allemande dont voici la traduction : L'an 1556, le 13 février, est mort à

Eisleben, D. Martin Luther. Ce portrait a
été fait en ce lieu même par Lucas de Cranach.

62 — FRAGONARD (HONORÉ). Portrait d'Homme.
Dessin à l'encre de Chine.

63 — GUARDI. Paysage vénitien avec personnages.
Sépia.

64 — INGRES. Le Triomphe de Napoléon. Dessin
pour le plafond de l'ancien Hôtel de Ville de
Paris.

65 — LEONE LEONI. Portrait de Femme aux deux
crayons.

66 — LEONE LEONI. Portrait de la princesse
Peretti. Aux deux crayons.

67 — LÉPICIÉ. Tête de Jeune Fille, coiffée d'un
chapeau de paille. Dessin aux trois crayons.

68 — MICHEL. Le Sommet de la butte Mont-
martre avec les moulins. Promeneurs, voi-
tures marchandes. Crayon et lavis d'aqua-
relle. Au verso, étude d'arbres. Crayon rehaussé.

69 — MOREAU LE JEUNE. Portrait de Gresset.
Beau et important dessin à l'encre de Chine,
provenant de la collection Tondu. Cadre
sculpté.

70 — NATTIER. Portrait de femme, à la sanguine. Cadre en bois sculpté.

71 — NATTIER. — Portrait de Madame de Stainville. A la sanguine. Cadre en bois sculpté.

72 — OZANNE. Sloop échoué. Crayon rehaussé de blanc.

73 — OZANNE. Deux Nègres sur un radeau. Dessin rehaussé de blanc.

74 — PALMA VECCHIO. — Vierge et Saints. A la plume.

75 — POUSSIN (NICOLAS). Danse de Nymphes. Dessin à la sépia, provenant de la collection de M. de Reiset. Cadre en bois sculpté.

76 — LE PRINCE. L'Astronome. Dessin à la sanguine pour la gravure.

77 — PRUDH'ON (Attribué à P.-P.). Le Crime traîné devant la Justice. Importante composition allégorique. Crayon noir rehaussé.

78 — PRUDHON (Attribué à P. P.). Étude de femme (pour une assomption ?) Crayon estompé.

79 — PUGET. Étude de cariatide. Au crayon noir. Signée.

80 — ROBERT (HUBERT). Femme italienne à la fontaine. Sanguine.

81 — ROMAIN (JULES). Joseph vendu par ses frères. Plume et lavis.

82 — WYNANTS (JAN). Chemin sinueux conduisant à une église. Dessin à la pierre noire, lavé de sépia.

83 — ÉCOLE FRANÇAISE (XVIIIᵉ siècle). Portrait de Femme. Beau pastel.

84 — ÉCOLE FRANÇAISE (XVIIIᵉ siècle). Jeune Femme nue, avec colombes. Crayon noir rehaussé.

85 — ÉCOLE FRANÇAISE. Portrait de Gresset à la plume. Cadre sculpté.

86 — ÉCOLE FRANÇAISE (XVIIIᵉ siècle). Portrait de Fillette. Crayon.

87 — ÉCOLE FRANÇAISE. Portrait de Jeune Femme artiste. A la sépia. *(Collection Deshayes.)*

88 — ÉCOLE FRANÇAISE (XVIIIᵉ siècle). Portraits de Jeunes Filles. Deux pastels faisant pendants.

89 — ÉCOLE FRANÇAISE (XVIIIᵉ siècle). Portraits de Jeunes Filles. Deux pastels faisant pendants.

90 — ÉCOLE FRANÇAISE (XVIIIᵉ siècle). Ravissant pastel. Portrait de Femme, avec col en fourrure et petit bonnet de dentelles.

91 — ÉCOLE ITALIENNE. L'Assomption de la Vierge. Sépia.

MINIATURES

92 — Miniature très fine, sur vélin. Portrait de Gentilhomme de l'époque Henri IV.

93 — Miniature. Petit dessus de boîte en vernis Martin. Deux Amours.

94 — Miniature. Petit émail ovale Louis XVI. Amour couché.

95 — Cadres anciens en bois sculpté.

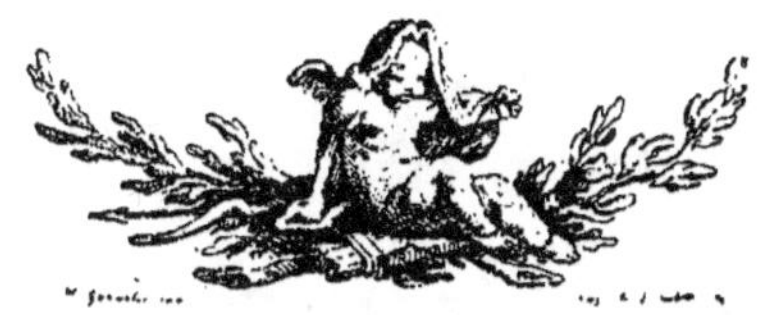